AF349695

VENTE

du Vendredi 6 Mai 1904

HOTEL DROUOT

SALLE N° 9

à 3 heures 1|2

Aquarelles
Dessins

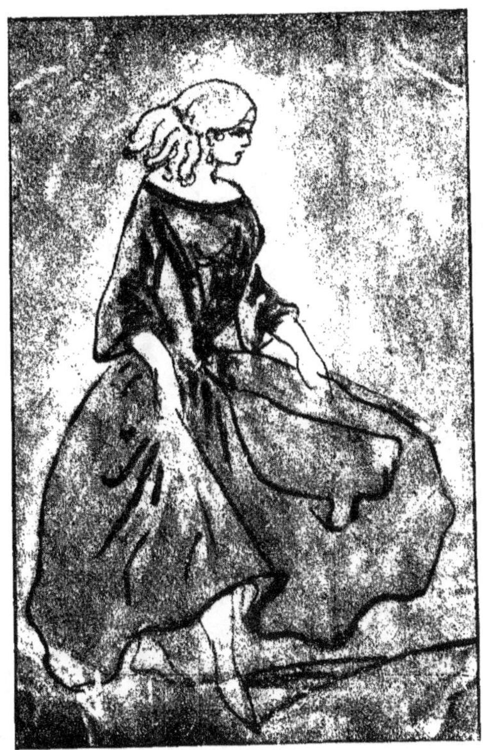

N° 2 du Catalogue

PAR

Constantin
GÜYS

Mᵉ Bonnaud
COMMISSAIRE-PRISEUR
23, Rue Le Peletier

M. Moline
EXPERT
20, Rue Laffitte

CATALOGUE

DES

Aquarelles & Dessins

PAR

Constantin GÜYS

dont la vente aura lieu

HOTEL DROUOT, SALLE N° 9

Le Vendredi 6 Mai 1904

à 3 heures et demie

EXPOSITION PUBLIQUE

Le Jeudi 5 Mai 1904, de 2 heures à 6 heures

Mᵉ Georges **BONNAUD**
COMMISSAIRE-PRISEUR
23, Rue Le Peletier, 23

M. L. **MOLINE**
EXPERT
20, Rue Laffitte

CONDITIONS DE LA VENTE

Elle sera faite au comptant.
Les acquéreurs payeront dix pour cent en plus
du prix d'adjudication.

SUR QUELQUES DESSINS

de Constantin GÜYS

Ce n'est point ici, en tête de ce catalogue destiné à quelques centaines d'amateurs éclairés, qui tous ont lu et relu, et savent par cœur, les pénétrantes pages de Baudelaire sur le *Peintre de la vie moderne*, ce n'est point ici que je me donnerai le ridicule de tenter, même, d'analyser le talent de Constantin Guys.

L'étude de Baudelaire est définitive, achevée, et ne laisse rien dans l'ombre des mérites originaux du grand artiste. On ne saurait rien y ajouter. On n'y saurait biffer une virgule. Il suffirait de rappeler ici les titres de ses différents chapitres pour qu'immédiatement miroitent à vos yeux toutes les facettes de ce séduisant tempérament.

Homme du monde et Homme des foules, peintre des Pompes et Solennités, peintre du Militaire, du Dandy, de la Femme et des Filles, des Voitures; enfin, pour tout dire, peintre impeccable et exquis de la modernité dans toutes ses manifestations, vous allez d'ailleurs retrouver

Constantin Güys entier, dans cette série d'une centaine de ses dessins qu'on va disperser dans quelques jours. La plupart de ces aquarelles ou de ces lavis pourraient arborer comme titre ou porter en épigraphe une phrase, une ligne de Baudelaire, et vous aurez tout loisir de relire, votre *Art romantique* en mains, l'alinéa qui commente ceux que vous préférez, entre tous ces feuillets d'album.

Le grand mérite de cette collection, c'est qu'elle date. Elle est « de l'époque » pour employer ici un mot cher aux experts en bibelots — et plus encore aux amateurs ! Quand son dernier possesseur amassa la plupart des morceaux qui la composent, Constantin Güys vivait encore. D'autres, longtemps convoités, peut-être, ont été recueillis pieusement au sortir de mains illustres, et je ne saurais dire de quelle émotion mes doigts tremblaient en caressant ces feuilles, fanées par le temps, où les doigts, plus vacillants encore d'un passionné, d'un fanatique de cet art avaient griffonné hâtivement, au temps déjà lointain où il venait de les acquérir : *Collection Baudelaire,* — *Collection Th. Gautier...*

Quoi ! les yeux de Théo, du grand Théo, s'arrêtèrent parfois complaisamment, entre deux beaux couplets d'un feuilleton du *Moniteur*, sur cette opulente et souple page, *les Manchons* ; s'amusèrent de ces regards baissés, indiqués d'un trait large du pinceau, de ces capotes discrètes, de ces lourds manteaux ; aimèrent la belle tache

noire de ces gros cylindres de fourrure, la pâle
tache bleue de ces rubans, qui chante si délicate-
ment sa note grêle sur l'accord mineur des gris
d'alentour!

Quoi! avant d'écrire sa prestigieuse étude,
Baudelaire rêva devant cette *Entrée sensationnelle*, où ruisselle à flots la clarté des lustres, où
bruissent les soies, où déferlent en crémeuse
écume les dentelles; il s'émerveilla devant l'élé-
gante désinvolture de ces dandies, s'extasia sur
la grâce de ces épaules blondes, de ces tailles
jaillissantes comme une eau vive! Quoi! c'est
peut-être pour le galbe de cette victoria, de
Sous l'ombrelle, qu'il loua Constantin Güys de
sa science de la carrosserie! ce sont peut-être ces
frondaisons touffues du Bois qui lui inspirèrent
telle phrase sur le paysagiste qu'était son artiste
favori! Quoi, ce sont ces falbalas froufroutants,
ces crinolines semblables à des roses trop ou-
vertes et prêtes à s'effeuiller, qui lui firent com-
prendre, — qui sait? — que « toutes les modes
furent légitimement charmantes »!

En vérité, ces œuvres, quel que soit déjà leur
mérite artistique intrinsèque, sont comme magni-
fiées, encore par de tels souvenirs.

C'est pour cela que je me suis arrêté devant
elles de préférence. Mais combien d'autres au-
raient mérité tout autant de nous retenir! On a
reproduit ici pour vous une dizaine de ces
crayonnages et de ces lavis. Il eût fallu repro-
duire la série entière, pour vous en donner une

idée complète, tant il y a de variété, de l'un à l'autre de ces croquis triomphants : soldats à la promenade, défilés officiels, revues d'apparat, généraux étincelants d'or, « créatures », comme on disait alors, en quête du pain quotidien, triste bétail des maisons closes, grandes dames désœuvrées et splénétiques.

C'est tout un monde qui revit là, tout un monde et toute une époque, et je ne vois guère que certains croquis de Carpeaux, plus fiévreux, toutefois, qui évoquent avec cette facilité, cette aisance sûre d'elle, les fastes, le trop fugitif éclat de la vie mondaine sous le second Empire.

« Nous pouvons parier à coup sûr, écrivait Baudelaire à la fin de son étude, que, dans peu d'années, les dessins de M. G... (on sait qu'il ne désigna Guys que par son initiale), deviendront des archives précieuses de la vie civilisée. Ses œuvres seront recherchées par les curieux, autant que celles des Debucourt, des Moreau, des Saint-Aubin, des Carle Vernet, des Lami, des Deveria, des Gavarni et de tous ces artistes exquis qui, pour n'avoir peint que le joli, n'en sont pas moins, à leur manière, de sérieux historiens ».

Les temps qu'entrevoyait le plus perspicace des critiques sont, je crois, venus.

Gustave Babin.

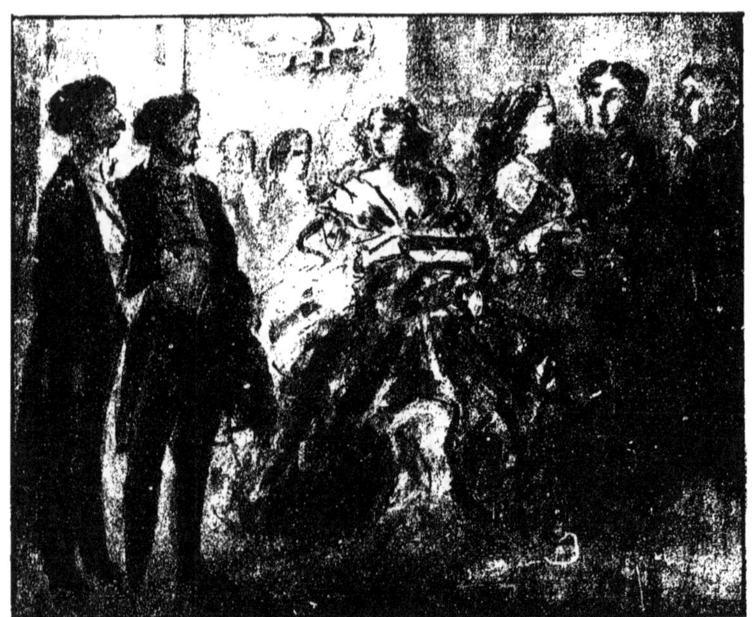

1. — Une entrée sensationnelle

Désignation

1 — Une entrée sensationnelle. Collection Baudelaire
2 — D'un pas leste. Aquarelle.
3 — La sortie du spectacle.
4 — Tournée de visites.
5 — Manœuvre difficile.
6 — Le valet de pied.

7 — Le retour des vainqueurs. Aquarelle.
8 — Au Faubourg de Péra. Aquarelle.
9 — Les Horse-Guards en 1840. Aquarelle.
10 — La Victoria. Aquarelle.
11 — En poste. Aquarelle.
12 — Au piano.
13 — Un beau dimanche.
14 — La grosse dame.
15 — La robe bleue. Aquarelle.
16 — Croquis de Naples : En excursion.

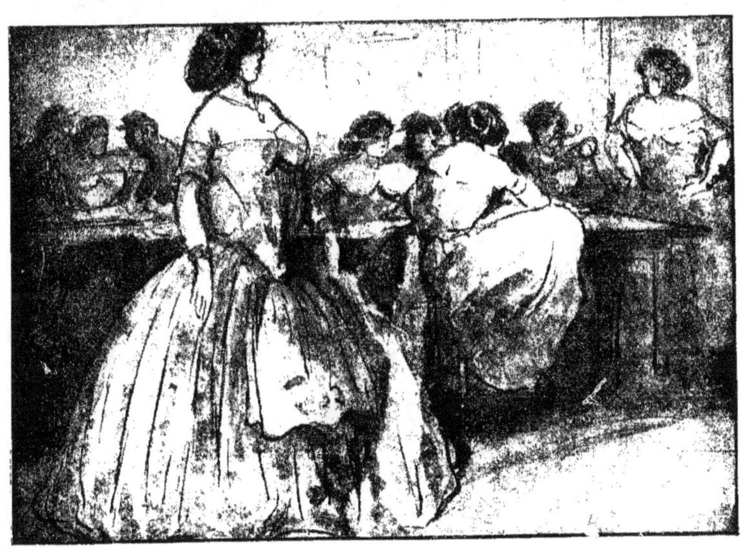

7. — *Le Retour des Vainqueurs*

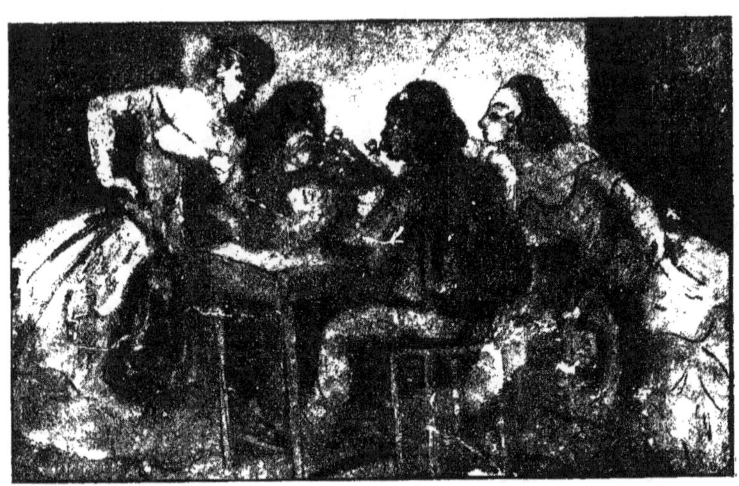

18. — La Taverne

27 — Derniers beaux soirs. Aquarelle.

28 — Pour la Charge.

29 — Galop de parade. Aquarelle.

30 — Deux Pauvresses.

31 — L'Estafette.

32 — Noir et Or. Aquarelle.

33 — Vautrées sur des canapés.

34 — Femmes d'Alexandrie. Aquarelle.

35 — Vautrées sur des canapés.

36 — Sous l'Ombrelle. Collection Baudelaire.

37 — Les premières au rendez-vous. Collection Asselineau.

38 — L'Attelage.

39 — Les Cent-Gardes. Aquarelle.

40 — Sur le Terrain de manœuvres. Aquarelle.

41 — Grand gala. Aquarelle.

42 — Les Volants noirs.

43 — Un bout de causette.

44 — La Daumont.

45 — Ready ! ! !

46 — Les Guides.

47 — Fixe ! Aquarelle.

48 — La Sortie officielle. Aquarelle.

27. — *Derniers beaux soirs*

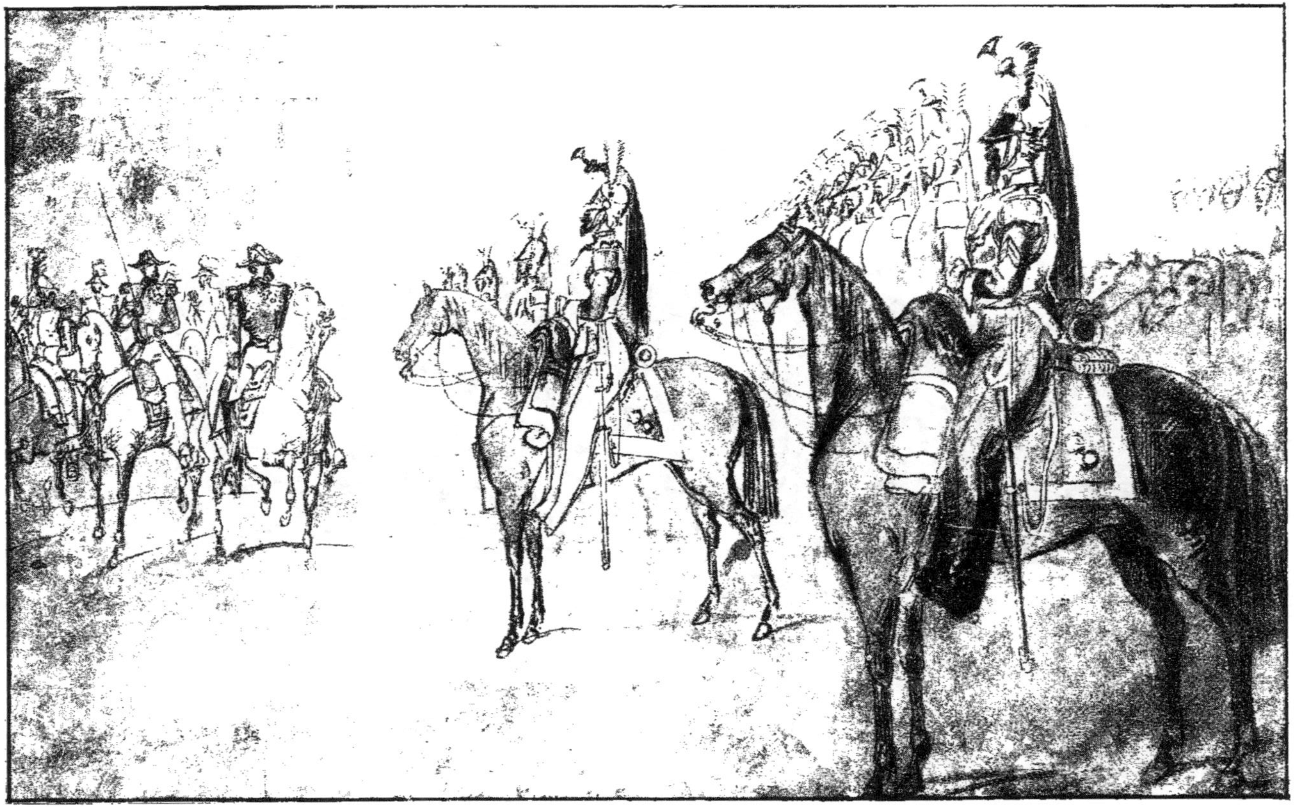

49. — *La Revue*

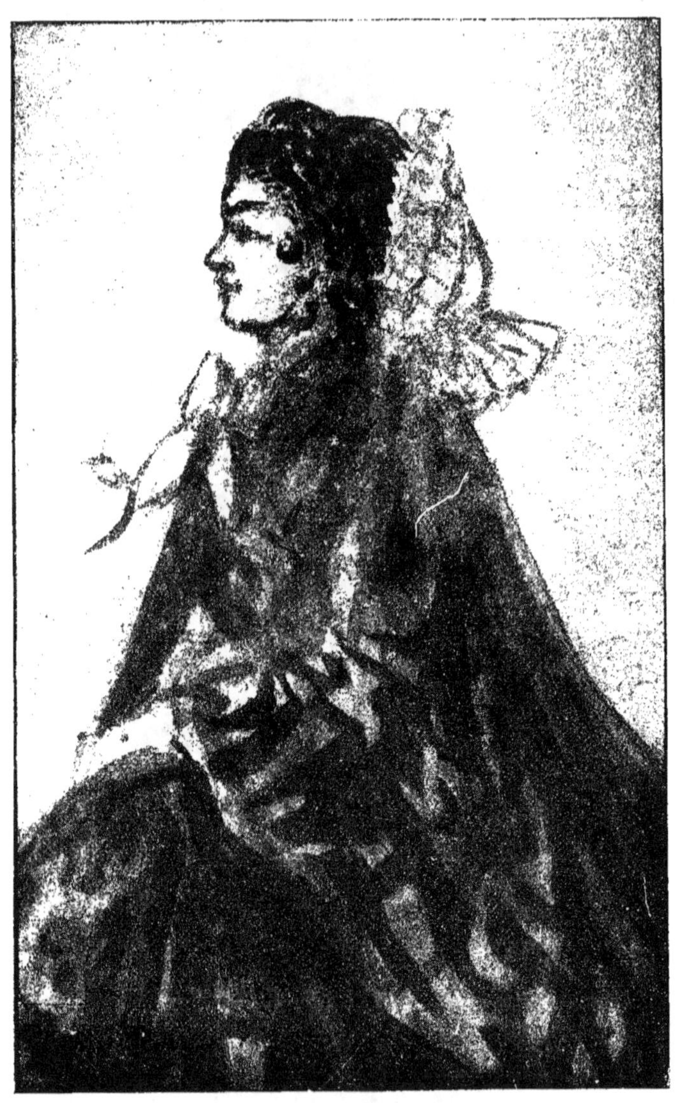

50. — Le Châle Rouge

49 — La Revue. Aquarelle.
50 — Le châle rouge. Aquarelle.

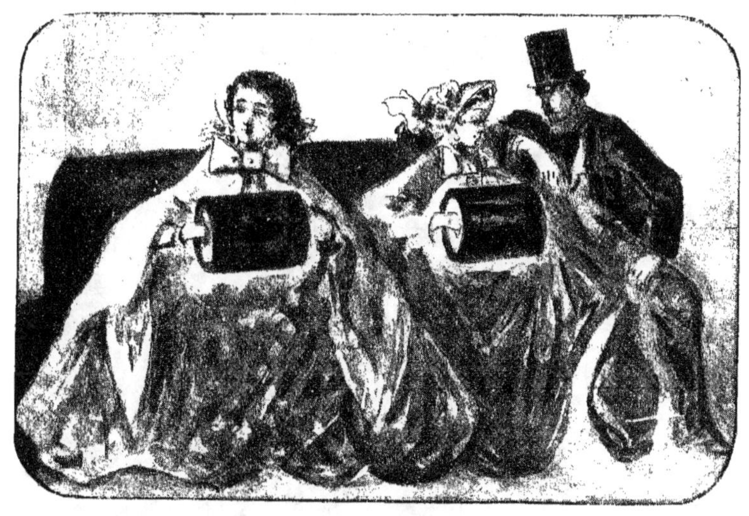

52. — *Les Manchons*

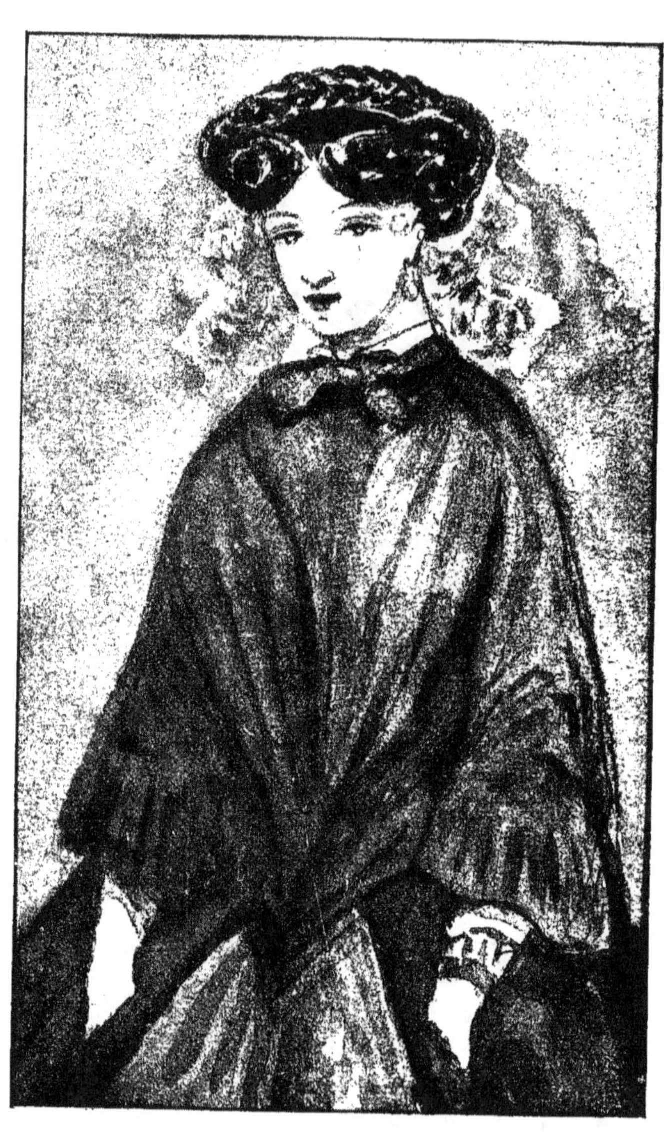

51. — *Bernerette*

60 — Croquis d'Athènes. Aquarelle.
61 — La Halte. Aquarelle.
62 — Qu'est-ce que tu offres?
63 — Croquis de Rome. Sur le Corso.
64 — La Salutation.
65 — A la Terrasse.
66 — Le Service d'Ecurie.
67 — Garde-noble en grande tenue. Aquarelle.
68 — Croquis de Rome. Aquarelle.
69 — L'Expectative.
70 — Pourparlers.
71 — En Falbalas.
72 — En Falbalas.
73 — Les Beaux vainqueurs. Aquarelle.
74 — Les Beaux vainqueurs. Aquarelle.
75 — Le Chien savant.
76 — L'Oisiveté!
77 — Au choix.....
78 — La Rencontre.
79 — Le Landau. Aquarelle.
80 — Le Petit tablier.
81 — Le Petit tablier.
82 — Le Petit tablier.
83 — Le Petit tablier.

Imprimerie spéciale
de la Revue "ART & CURIOSITE", 22, rue des Martyrs. — Paris
Ateliers, Ed. Lasnier : 35-37, rue Saint-Lazare